Recetario de
TORTAS
con sabor inglés

Una selección de las mejores
recetas de la cocina británica

Diana Baker

Copyright © 2016 Diana Baker

Copyright © 2016 Editorial Imagen.
Córdoba, Argentina

Editorialimagen.com
All rights reserved.

Edición Corregida y Revisada, Enero 2016

Todos los derechos reservados. Ninguna parte de este libro puede ser reproducida por cualquier medio (incluido electrónico, mecánico u otro, como ser fotocopia, grabación o cualquier sistema de almacenamiento o reproducción de información) sin el permiso escrito del autor, a excepción de porciones breves citadas con fines de revisión.

CATEGORÍA: Recetas de Cocina

Impreso en los Estados Unidos de América

ISBN-13:
ISBN-10:

ÍNDICE

Introducción 1

Recomendaciones para Asegurar el Éxito 3

Cómo Comprobar la Temperatura del Horno 5

Pesas y Medidas 7

Recetas 9

    Receta Básica Para Una Torta Pequeña 11

    Torta de Ananá (Piña) 12

    Torta Ángel 13

    Torta de (Damasco) Albaricoque 14

    Arrollado 15

    Torta Bachelor 16

    Torta de Banana (Plátano) 17

    Bizcochuelo (Bizcocho Esponjoso) 18

    Torta de Boda Pequeña 19

    Torta de Boda Delicia 22

    Budín Inglés 23

    Torta Caoba 24

    Torta Caramelo 26

    Torta de Castañas 28

    Torta de Chocolate - I 29

    Torta de Chocolate – II 31

    Torta de Chocolate - III 32

    Torta de Chocolate - IV 33

    Torta Económica de Chocolate 34

    Arrollado de Chocolate 35

    Torta de Crema Batida 36

Bizcochuelo de Crema de Coco	38
Torta de Cumpleaños	40
Torta del Diablo	41
Torta Económica	42
Torta Escocesa	43
Torta Esponjosa - I	44
Torta Esponjosa - II	45
Arrollado de Fécula	46
Torta de Fruta Fresca Helada	47
Torta de Fruta – I	48
Torta de Fruta – II	49
Torta de Fruta - III	50
Torta de Fruta Económica	51
Torta Génova	53
Torta de Grosella	54
Torta de Guindas	55
Torta Fécula de Maíz	56
Torta Harina de Maíz	57
Torta de Un Solo Huevo	58
Torta Sin Huevo ni Azúcar	59
Torta sin Huevo ni Leche	60
Torta de Jengibre	61
Torta de Jengibre y Banana	62
Pan de Jengibre a La Maryland	63
Pan de Jengibre con Crema Agria	64
Pan de Jengibre con Especias	65
Bizcochuelo de Jengibre (Sin Huevos)	66
Torta Lancashire	67
Torta Ligera en Capas	68
Torta Madeira	69
Torta de Suero de mantequilla (Sin Huevos)	70
Torta Maple de Nuez	71

Torta Margarita.. 72
Bizcochuelo de Moca (no requiere cocción)...................... 74
Torta Multicolor... 75
Torta de Naranja... 76
Bizcochuelo de Naranja.. 77
Pan de Nuez.. 79
Bizcochuelo de Nuez... 80
Torta de Nueces – I... 81
Torta de Nueces – II.. 82
Torta Sorpresa de Nuez.. 83
Torta Nougat (Turrón).. 85
Pan de Fruta.. 87
Pan de Fruta y Nueces.. 88
Torta de Pasas de Uva.. 89
Torta Perfecta Amarilla.. 90
Torta "Rapsodia Húngara".. 92
Torta Red Devil... 94
Torta Sencilla.. 95
Shortbread (Mantecado)... 96
Shortbread (Mantecado) Belga.. 97
Shortbread (Mantecado) Canadiense.............................. 98
Shortbread (Mantecado) Escocés.................................... 99
Torta con Sultanas – I... 100
Torta de Sultanas – II.. 101
Arrollado Suizo.. 102
Torta de Vinagre - I... 103
Torta de Vinagre – II... 104

Glaseados y Rellenos.. 105

Glaseado Americano... 107
Glaseado de Chocolate... 108
Glaseado Blanco.. 109

Glaseado Listo en 4 Minutos..110
Glaseado con un Relleno de Nueces...................................111
Glaseado Brisas Marinas 112
Glaseado de Café y Relleno Novedoso 113
Relleno de Chocolate Delicioso...114
Relleno de Yemas 115
Relleno de Crema Limón 116
Relleno Crema de Limón (Lemon Curd)............................117
Relleno Sintético..118

Más Libros de Interés 121

Introducción

Bienvenido a este recetario de repostería con un toque inglés…tortas típicas de Inglaterra donde les gusta mucho el chocolate, las tortas de fruta y el jengibre que le da un toque spicy o algo picante a la torta dulce.

También encontrarás una variedad de glaseados para la cobertura y también rellenos para decorar tus tortas de maneras diferentes y deliciosas.

Siempre surge una ocasión para elaborar una rica torta – sea para alegrar a la familia, o porque debemos colaborar en un encuentro de amigos o porque deseamos agasajar a nuestros amados en una alguna ocasión especial del año como en las fiestas navideñas o algún cumpleaños…o simplemente porque se nos antoja comer algo rico y dulce.

Encontrarás que las siguientes recetas son fáciles y rápidos de elaborar y con ingredientes nada complicados.

Estoy segura de que encontrarás muchas recetas que llegarán a ser favoritas en tu hogar.

Empecemos con algunos tips para asegurar que nada falle.

Recomendaciones para Asegurar el Éxito

Estas pueden parecer recomendaciones muy sencillas y que no merecen prestarles mucha atención pero comprobarás que seguirlas hará que logres la torta deliciosa que deseas.

- Antes de hacer una torta, leer cuidadosamente la receta, después reunir todos los ingredientes necesarios y prepararlos como esté indicado.

- Cernir siempre la harina.

- Revolver siempre en la misma dirección.

- Revolver siempre con cuchara de madera y no de metal.

- Engrasar los moldes con excepción de los que se usen para bizcochuelo o torta de ángel.

- Nunca debe golpearse la puerta del horno.

- Nunca mezclar harina nueva con vieja.

- Nunca mezquinar el tiempo empleado en batir una torta.

-Muchas veces se arruina una torta por batir demasiado después de habérsele agregado el polvo de hornear. Esto es a menudo la causa del fracaso cuando se hace una torta para una ocasión muy especial. En cambio muchas veces comprobamos que la torta sencilla que hacemos para la familia a las apuradas sale más esponjosa.

- Se aconseja agregar el polvo de hornear cernido al último y junto con una pequeña cantidad de harina.

- También se debe tener cuidado de no agregar demasiada harina.

- Usar siempre la menor cantidad posible de utensilios e ir guardándolos a medida que no se necesiten más.

Una Referencia

A menudo en las siguientes recetas se emplea el término papel manteca lo que hace referencia a un papel engrasado que se usa en bollería, para evitar que se pegue en los moldes. Este tipo de papel se usa al hacer magdalenas, mantecados, sobaos y demás. Siempre que queremos comer uno de estos, tenemos que quitar el papel graso que los envuelve.

También se lo conoce como papel parafinado, papel para horno, papel vegetal o papel encerado.

Cómo Comprobar la Temperatura del Horno

Un método sencillo y eficaz para probar la temperatura del horno cuando no tenga termómetro en la casa:

Poner un trozo de papel blanco en el centro del horno, después de haber estado encendido éste durante 10 minutos. La temperatura del horno será la correcta cuando el papel se dore en el tempo especificado abajo:

Horno	Grados	Papel
Muy caliente	230° – 260°	½ minuto
Caliente	200° – 220°	1 minuto
Moderado	170° - 190°	1 ½ minutos
Suave	160°	2 minutos.

Pesas y Medidas

Todas las medidas son al ras, si no se especifica lo contrario. Cuando se indica una taza quiere decir una taza de ¼ litro de capacidad.

Las medidas para harina, en tazas y cucharas, corresponden a harina de repostería. El peso de harina varía según su calidad, por lo tanto si usas harina común se debe emplear menos cantidad.

1 cucharadita equivale a 5 g o 60 gotas

1 cucharada de postre a 10 g o 2 cucharaditas

1 cucharada equivale a 15 g o 3 cucharaditas

1 vaso de vino equivale a 100 g o 4 cucharadas

1 taza equivale a ¼ litro o 16 cucharadas

Equivalencias aproximadas:

3 ½ tazas de harina equivalen a .... 500 g

2 tazas de harina de avena .... 500 g

2 tazas de azúcar .... 500 g

2 ½ tazas de azúcar morena........... 500 g

1 taza pasas sin semillas .... .250 g

1 taza pasas corintos etc. .... 250 g

2 tazas de nueces picadas .... 250 g

1 taza de mantequilla o mantequilla .. ..125 g.

29 g de harina equivalen a.......... 4 cucharadas escasas

29 g de azúcar molida .... 1 cucharada escasa

29 g de mantequilla o grasa ... .. 1 cucharada escasa.

Recetas

Receta Básica
Para Una Torta Pequeña

4 cucharadas de mantequilla
6 cucharadas de harina
4 cucharadas de azúcar
2 cucharaditas colmadas de polvo de hornear
2 cucharadas de leche
2 huevos
Una pizca de sal

Se mezclan bien todos los ingredientes.

Luego se agrega el sabor deseado, como por ejemplo chocolate gratinado, la cáscara rallada de naranja o limón etc.

Torta de Ananá (Piña)

6 cucharadas azúcar morena
2 cucharadas mantequilla
1 lata de ananá en rebanadas

Derretir la mantequilla en el fondo del molde y agregar el azúcar extendiéndola bien pareja.

Colocar encima las rebanadas de ananá y una guinda en el centro de cada uno.

La masa:

1 huevo
1 taza harina
5 cucharadas azúcar
2 cucharadas mantequilla
2 cucharaditas polvo de hornear
½ cucharadita sal
1 tacita de leche

Batir la mantequilla con el azúcar y agregar el huevo.

Agregar los ingredientes secos, ya cernidos y por último la leche.

Batir hasta que la mezcla esté suave y verterla en el molde sobre el ananá.

Cocinar en horno moderado durante 30 minutos.

Servir caliente con crema (nata) o frío como torta.

Dar vuelta para que la fruta quede hacia arriba.

Torta Ángel

3/4 taza de harina
8 claras
¾ taza de azúcar
1 cucharadita de polvo de hornear
½ cucharadita de cremor tártaro
¼ cucharadita de sal
Unas gotitas de esencia de vainilla o almendras

Cernir la harina con el polvo de hornear y la sal tres veces.

Batir las claras a punto de merengue, agregar el cremor tártaro y volver a batir.

Agregar el azúcar, revolviendo lo menos posible, después la harina, y por último, la esencia.

Verter en un molde con tubo en el centro y sin engrasar.

Cocinar en horno moderado unos ¾ de hora. Retirar del horno e invertir el molde. Desmoldar cuando se enfríe.

Variación: Torta Ángel de Chocolate

Utiliza la receta anterior y agregar cacao al cernir la harina.

.

Torta de (Damasco) Albaricoque

¾ taza azúcar
½ taza de orejones de damascos
1 huevo
2 cucharadas mantequilla derretidas
2 tazas harina cernida
3 cucharaditas de polvo de hornear
¼ cucharadita de bicarbonato de soda
1 pizca de sal
¾ taza de leche
¾ taza de nueces picadas

Remojar los orejones de damasco durante 30 a 45 minutos, escurrirlos y picarlos.

Batir el huevo y el azúcar. Agregar los demás ingredientes.

Hornear 1 hora en molde engrasado.

Arrollado

4 cucharadas harina
2 huevos
3 cucharadas azúcar
Una pizca de polvo de hornear

Batir bien las yemas con el azúcar, agregando 1 cucharada de agua caliente.

Agregar gradualmente la harina y polvo de hornear y por último, las claras batidas a nieve.

Cocinar en una asadera engrasada en horno moderado durante 10 minutos.

Desmoldar sobre un papel espolvoreado con azúcar impalpable y enrollar.

Cuando esté frío desenrollar y untar con el siguiente relleno y volver a enrollar.

Relleno:

Mezclar azúcar impalpable con mantequilla y un poco de coñac.

Relleno salado:

Rellenar con jamón picado, perejil picado, lechuga y un poco de salsa mayonesa.

Torta Bachelor

2 huevos
½ taza de almendras o nueces cortadas
8 cucharadas azúcar
16 cucharadas colmadas harina
10 cucharadas colmadas de pasas sultanas
4 cucharadas de mantequilla
1 taza de leche fresca
½ taza de cáscara abrillantada
2 cucharadas de miel de caña
1 cucharadita de bicarbonato

Unir la mantequilla y harina trabajando ligeramente con las manos.

Luego agregar los ingredientes secos, después los huevos y miel de caña.

Entibiar la leche, disolver en ella el bicarbonato y agregarla a la masa.

Espolvorear la torta con nueces picadas que se habrán apartada de antemano para este decorado

Cocinar una hora más o menos en horno suave.

Torta de Banana (Plátano)

1 taza de azúcar
1 huevo
3 plátanos en puré
110 g de mantequilla
½ cucharadita de sal
½ cucharadita de bicarbonato de soda

Batir la mantequilla con el azúcar.

Agregar los demás ingredientes.

Hornear durante 45 minutos a temperatura moderada.

Bizcochuelo (Bizcocho Esponjoso)

6 huevos
El peso de 5 huevos en azúcar
El peso de 3 huevos en harina
La cáscara de 1 limón

Batir los huevos con el azúcar y ralladura del limón, por 20 minutos.

Agregar entonces la harina revolviendo muy ligeramente.

Cocinar en un molde bien engrasado en horno caliente durante 10 minutos.

Torta de Boda Pequeña

8 tazas de harina fina
10 huevos
2 tazas de azúcar
3 tazas de mantequilla
1 pizca de sal
2 tazas de pasas o pasas sultanas
2 tazas de pasas corintos
1 taza de guindas abrillantadas
1 taza fruta abrillantada
1 ½ tazas almendras molidas
1 taza dátiles (opcional)
1 cucharadita de canela
½ cucharadita nuez moscada
½ cucharadita de especias
½ vaso (de vino) de vino blanco
1 ½ vaso (de vino) de coñac

Remojar la fruta en el coñac durante 12 horas.

Limpiar, lavar y secar las pasas, luego cortar bien fina la fruta abrillantada.

Mezclar la harina con las especias y sal.

Batir la manteca, agregar el azúcar, los huevos batidos, después la harina y especias. Batir por media hora.

Agregar las pasas, la fruta abrillantada, las almendras molidas, el vino y el coñac.

Poner esta preparación en un molde, o dos moldes de tamaño diferente, forrado con varias capas de papel manteca.

Cubrir también con papel manteca.

Hornear en horno moderado durante 3 a 4 horas.

Requerirá menos tiempo si se emplean dos moldes. Cuando frío, cubrir con una capa espesa de la siguiente pasta de almendras y luego encima cubrir ampliamente con el glaseado regio.

Pasta de almendras:

1 huevo o 3 yemas
6 cucharadas azúcar impalpable
6 cucharadas azúcar molida
2 ½ tazas almendras molidas
1 cucharadita esencia de vainilla o violetas
1 cucharadita de agua de rosas

Mezclar bien los ingredientes.

Poner sobre una tabla espolvoreada con azúcar impalpable y estirar con un rodillo dándole el tamaño necesario para cubrir la torta.

Antes de colocar sobre la torta, preparar un poco de almíbar, hirviendo rápidamente por unos minutos, 2 cucharadas de azúcar impalpable con 1 cucharada de agua.

Dejar enfriar un poco y humedecer con esto la torta. Luego cubrir enseguida con la pasta de almendras.

Cuando se haya secado cubrir con el glaseado regio.

Glaseado:

4 claras
4 ½ tazas azúcar impalpable

Unas gotas jugo de limón

Cernir el azúcar y poner en un tazón.

Aparte, romper las claras sin batir y mezclar de a poco a la vez con el azúcar hasta que todo esté bien mezclado.

Agregar después el jugo de limón y batir muy bien hasta que el glaseado esté perfectamente liso y blanco.

A este glaseado se le puede agregar colorante para decorar la torta.

Torta de Boda Delicia

2 tazas de pasas de corintos
2 tazas de pasas sultanas
4 tazas de harina
1 taza de mantequilla
3 ½ cucharaditas de polvo de hornear
1 taza de leche
1 ½ tazas de azúcar
1 cucharadita de especias mezcladas
Esencia de vainilla
4 yemas y 4 claras batidas por separado

Batir la mantequilla con el azúcar hasta que esté como crema.

Agregar la harina y huevos alternativamente y después el resto de los ingredientes, agregando al último las claras batidas a nieve.

Batir bien y colocar en molde engrasado.

Cocinar en horno moderado durante 1 ½ horas.

Budín Inglés

200 g mantequilla
200 g azúcar
5 huevos
450 g harina
1 taza frutas abrillantadas
200 g pasas sultanas
2 cucharadas piñones
3 cucharaditas polvo de hornear
1 cucharadita esencia de vainilla

Se debe enharinar las frutas antes de poner en la preparación.

Colocar en un bol la mantequilla con el azúcar y batir hasta que esté cremoso.

Añadir los huevos uno a uno mientras se continúa batiendo. Luego agregar el coñac, la esencia de vainilla y poco a poco la harina mezclada con el polvo de hornear.

Batir fuertemente para que la preparación quede lisa y cremosa.

Añadir las frutas, las pasas y los piñones.

Mezclar y colocar en un molde alargado engrasado y enharinado.

Cocinar en horno suave durante 1 ½ a 1 ¾ horas. Desmoldar sobre una rejilla.

Torta Caoba

3 huevos
2 tazas de harina fina
2 ½ cucharaditas polvo levadura (Royal)
½ taza de mantequilla
1 ½ tazas de azúcar
¼ cucharadita de soda
2/3 taza de leche
1 cucharadita extracto de vainilla
½ taza de cacao
½ taza de leche

Calentar el cacao y la leche hasta que esté espeso y sin grumos.

Batir la mantequilla hasta que esté cremoso y luego agregar el azúcar poco a poco, batiendo bien.

Agregar los huevos de a uno, batiendo bien después de agregar cada huevo. Añadir la vainilla.

Cernir todos los ingredientes secos y agregar a la preparación anterior alternando con la leche.

Agregar la mezcla de chocolate y revolver bien.

Hornear en 3 moldes engrasados de unos 22 cms. en horno moderado durante 20 minutos o cocinar en moldes alargados durante 30 minutos.

Una vez horneados, juntar las capas y untar con el glaseado entre ellas y sobre toda la superficie.

Cortar en cuadrados y servir.

El glaseado:

1 taza azúcar impalpable
1 taza mantequilla
2 yemas
1 cucharadita extracto vainilla

En un bol se pone la mantequilla y se bate, agregándole poco a poco el azúcar a medida que se va batiendo.

Cuando la preparación esté muy cremoso y de color claro, se le agregan las yemas una a una, batiendo constantemente.

Por último añadir la vainilla.

Esta crema deberá conservarse en sitio fresco (si es verano, en la nevera) hasta el momento de utilizarla.

Puede prepararse prescindiendo de las yemas.

Torta Caramelo

1 ¾ tazas de harina
½ taza de mantequilla
1 taza de azúcar
3 cucharaditas polvo de hornear
1 cucharadita de extracto de vainilla
3 claras de huevos
¼ cucharadita de sal
2/3 taza de leche

Batir la mantequilla hasta tener la consistencia de crema, agregando el azúcar despacio, batiendo bien.

Se agrega las claras, una a la vez, batiendo bien después de cada una.

Agregar la esencia.

Cernir juntos la harina, el polvo de hornear y la sal, agregando alternativamente con la leche a la primera mezcla.

Echar en un molde mediano, bien engrasado. Hornear durante 50 minutos.

Glaseado de caramelo:

2 tazas de azúcar moreno
1 taza de leche o crema
1 cucharada de mantequilla
Unas gotas de vainilla

Se mezclan todos los ingredientes y se hace hervir, sin revolverlo, hasta que se puede formar una pelotita blanda.

Se agrega la vainilla.

Se bate hasta que quede cremoso.

Untar a la torta.

Torta de Castañas

4 yemas
4 claras de huevo
½ kilo de castañas
1 taza de azúcar
1 trozo de chaucha de vainilla

Pelar las castañas y poner en un horno caliente para poder sacarles el hollejo.

Cocinarlas con un poco de azúcar y un trocito de chaucha de vainilla hasta que estén lo suficiente tiernas como para pasar por un tamiz o pisarlas.

Dejar enfriar.

Batir bien el azúcar con las yemas y agregar poco a poco las castañas y después las 4 claras batidas a nieve.

Cocinar en horno moderado de 25 a 30 minutos.

Servir la torta cubierta de crema batida.

Torta de Chocolate - I

*3 huevos
½ taza de mantequilla
1/ 3/4 de harina
1 ½ tazas de azúcar
½ taza de leche
3 barras de chocolate rallado
2 cucharaditas de polvo de hornear
½ cucharadita de esencia de vainilla*

Batir la mantequilla con la mitad del azúcar.

Batir las yemas con la otra mitad y agregar a la primera preparación.

Agregar el chocolate, después la harina con el polvo de hornear, después la leche y esencia, y por último las claras batidas a punto de merengue.

Hornear en un molde engrasado por 20 minutos.

Cuando frío, cubrir con el siguiente glaseado:

Glaseado:

*1 taza de azúcar
1 ½ tazas de manteca
½ taza de agua
4 yemas
6 barras de chocolate*

Hacer un almíbar, hirviendo el agua con el azúcar, y verter sobre las yemas previamente batidas.

Batir hasta que esté espumoso.

Agregar entonces la mantequilla, y por último el chocolate derretido.

Torta de Chocolate – II

1 taza de azúcar
½ taza de mantequilla
1 huevo
3 cucharadas colmadas de cacao
1 taza de leche
1 cucharadita de bicarbonato de soda
1 cucharadita de esencia de vainilla

Batir un huevo, agregar el cacao y la mitad de la leche.

Cocinar revolviendo hasta que esté espeso, cuidando que no hierva.

Retirar del fuego y dejar enfriar.

Batir el azúcar con la mantequilla hasta que esté como crema.

Agregar 1/2 taza de leche. Luego agregar 1 ½ tazas de harina cernida con 1 cucharadita de bicarbonato de soda y, por último, la esencia de vainilla y la mezcla de cacao.

Cocinar en horno moderado.

Se puede cubrir con un glaseado si se prefiere.

Torta de Chocolate - III

1 taza azúcar molida
1 ½ harina
4 ½ cucharadas de mantequilla (125 g)
3 cucharadas de cacao
3 huevos
½ taza de leche
2 cucharaditas de polvo de hornear
Una pizca de sal

Batir la mantequilla con el azúcar hasta que esté como crema, y agregar las yemas.

Después agregar alternativamente la harina cernida con el cacao, la sal y la leche.

Cuando esté bien mezclado añadir el polvo de hornear, y por último las claras batidas a nieve.

Hornear más o menos una hora.

Torta de Chocolate - IV

1 taza de harina
1 cucharadita de cremor tártaro
½ cucharadita de bicarbonato de soda
2 huevos
2 cucharadas de cacao
1 taza de azúcar
¼ taza de mantequilla
Un poco de leche

Cernir los ingredientes secos.

Derretir la mantequilla, luego agregar los huevos y entonces añadir la leche.

Ahora verter esta preparación sobre los ingredientes secos, batiendo bien.

Cocinar en horno moderado de 40 a 45 minutos.

Torta Económica de Chocolate

1 taza de leche agria
1 cucharadita de bicarbonato de soda
1 cucharadita de esencia de vainilla
½ taza de cacao
3 cucharadas de mantequilla
1 taza de azúcar
1 ½ tazas de harina
Una pizca de sal

Cernir los ingredientes secos 4 veces.

Batir la mantequilla hasta como crema, y luego agregar la leche y la esencia de vainilla. Mezclar bien.

Agregar esta preparación a los ingredientes secos y mezclar bien.

Cocinar en horno más bien caliente.

Arrollado de Chocolate

2 cucharadas de harina
3 cucharadas de cacao
5 huevos
½ taza de azúcar

Batir bien las yemas; agregar el azúcar, volver a batir y añadir la harina y cacao. Volver a batir.

Agregar por último las claras batidas a nieve.

Cocinar en un molde chato en horno caliente por 10 minutos.

Espolvorear con azúcar y arrollar.

Cuando esté frío, cubrir con el siguiente glaseado:

Glaseado:

2 barras de chocolate rallado
2 cucharadas de mantequilla
Un poco de leche
Un poco de azúcar impalpable

Derretir a fuego suave el chocolate rallado con la mantequilla y muy poquita leche.

Cuando esté derretido, agregar suficiente azúcar impalpable, hasta que tenga la consistencia necesaria para poderlo esparcir.

Torta de Crema Batida

2 huevos
1 ¾ tazas de harina
1 taza azúcar
2 1/2 cucharaditas polvo de hornear
¼ cucharadita de sal
1 taza de crema espesa
1 cucharadita de vainilla

Batir la crema hasta que se espese.

Agregar las yemas y batir hasta que esté espumoso, añadir el azúcar gradualmente, la esencia y batir bien.

Agregar la harina cerniéndola junto con el polvo de hornear y sal.

Agregar de a poco las claras batidas a nieve.

Hornear en un molde alargado engrasado, por una hora.

Dejar enfriar y cubrir con el siguiente glaseado de chocolate y mantecquilla

Glaseado:

1 ½ tazas azúcar impalpable
¼ taza mantequilla
1 ½ barritas de chocolate
Un poco de leche

Batir la mantequilla hasta que esté como crema.

Agregar el azúcar de a poco uniendo muy bien.

Agregar el chocolate derretido en un poco de leche y batir bien.

Bizcochuelo de Crema de Coco

1 taza de harina
1 cucharadita de polvo de hornear
1 huevo y 1 yema
2 cucharadas de coco rallado
3 cucharadas de azúcar
1 cucharada de mantequilla
Un poco de leche

Cernir la harina con el polvo de hornear, y agregar el coco.

Batir el huevo con el azúcar hasta que esté cremoso.

Gradualmente agregar esta preparación a los ingredientes secos, revolviendo bien.

Agregar la mantequilla derretida y si fuera necesario un poco de leche.

Mezclar revolviendo lo menos posible.

Cocinar en horno caliente de 10 a 15 minutos.

Cuando esté frío, cortar por la mitad y rellenar con la siguiente preparación:

Relleno:

1 cucharada de coco
Esencia de vainilla
4 cucharadas de azúcar impalpable
2 cucharadas de mantequilla

Batir la mantequilla con el azúcar.

Agregar el coco, unas gotas de vainilla y mezclar.

Esparcir mermelada por sobre la torta y espolvorear con coco.

Torta de Cumpleaños

1 ½ tazas de pasas sultanas
2 ½ tazas de pasas corintos
2 cucharadas guindas abrillantadas
½ taza de cáscara abrillantada
4 huevos
3 ½ tazas de harina
1 ½ tazas de mantequilla
Leche para unir

Lavar y secar las pasas.

Cortar en rebanaditas finas la cáscara y las guindas.

Cernir la harina.

Batir el azúcar y mantequilla hasta cremoso.

Agregar los huevos de a uno y batir continuamente por 15 minutos.

Mezclar la fruta con la harina y agregar gradualmente, mezclando bien.

Engrasar y forrar con papel mantequilla un molde redondo grande.

Verter en el molde y cocinar en horno moderado por 4 horas aproximadamente.

Torta del Diablo

½ taza de leche
1 taza de azúcar morena
1 taza de chocolate rallado
Una pizca de bicarbonato de soda

Hervir estos ingredientes y cuando la mezcla esté fría, verter sobre la siguiente preparación:

1/3 taza de leche
3 yemas
2 tazas de harina
1 taza de azúcar morena
½ taza de mantequilla
2 cucharaditas de polvo de hornear
2 claras batidas a punto de nieve

Batir todos los ingredientes agregando por último las claras batidas a nieve.

Cocinar en horno moderado.

Cubrirlo con un glaseado y rellenar con crema batida.

Glaseado:

4 tazas de azúcar impalpable
1 clara
Jugo de limón o esencia de almendras

Mezclar bien y untar con un cuchillo calentado en agua caliente.

Torta Económica

¼ cucharadita de sal
4 cucharadas de mantequilla
2 tazas de harina
2 cucharaditas de polvo de hornear
1 taza de azúcar
1 huevo
¾ taza de leche
1 cucharadita de vainilla

Se baten la mantequilla, azúcar y huevo.

Se agrega la harina y leche poco a poco junto con la vainilla, sal y polvo de hornear.

Se pone al horno en un molde en forma de anillo y se cocina 25 a 30 minutos.

Torta Escocesa

9 huevos
3 tazas harina
2 tazas azúcar
1 ½ tazas mantequilla
2 cucharadas coñac
1 taza pasas de uva
½ taza fruta abrillantada
12 gotas de esencia de limón

Batir la mantequilla con el azúcar hasta que esté como crema.

Añadir los huevos de a uno a la vez batiendo muy bien todo el tiempo.

Agregar el coñac y la esencia, después la harina cernida y por último las pasas y la fruta abrillantada.

Cocinar en dos moldes bien engrasados durante una hora, o si se pone en un solo molde, se debe cocinar más tiempo.

Esta torta se mantiene fresca durante varias semanas.

Torta Esponjosa - I

7 huevos
1 cucharada colmada harina
1 cucharada azúcar

Batir las yemas con el azúcar y harina por 10 minutos.

Luego agregar las claras muy bien batidas.

Cocinar en horno caliente.

Desmoldar sobre un paño húmedo.

Arrollar; cuando esté casi frío, desenrollar, untar con crema batida y volver a arrollar.

Torta Esponjosa - II

3 huevos
3 cucharadas de agua hirviendo
2 cucharadas harina de patatas
2 cucharadas harina
1 taza azúcar
1 cucharadita de polvo de hornear

Batir los 3 huevos con el azúcar.

Agregar el agua hirviendo y batir bien hasta cremoso.

Mezclar en otro bol la harina de patatas con la harina de repostería y el polvo de hornear.

Luego agregar gradualmente a la primera preparación, batiendo constantemente.

Cocinar en horno moderado por 8 minutos.

Arrollado de Fécula

3 yemas y 3 claras
3 cucharadas de azúcar
3 cucharadas de fécula de patatas
1 cucharada escasa de polvo de hornear

Mezclar bien todos los ingredientes, agregando al último las claras batidas a nieve.

Hornear en horno moderado.

Torta de Fruta Fresca Helada

¼ taza de jugo de limón
1 1/3 tazas (1 lata) de leche condensada
24 vainillas (galletas alargadas blandas)
1 taza de guindas cortadas en cuartos, frambuesas enteras o fresas en rebanadas

Mezclar la leche condensada con el jugo de limón.

Agregar la fruta ya preparada.

Forrar el molde con papel de cera.

Verter la preparación de fruta.

Colocar encima una camada de vainillas alternando de esta manera hasta que se use toda la fruta, terminando con una camada de vainillas.

Enfriar en el refrigerador por lo menos 6 horas.

Desmoldar para servir en una fuente chica y puede decorarse arriba con fruta.

Cortar en rebanadas y servir solo o con crema batida.

Torta de Fruta – I

2 tazas de azúcar
4 tazas de harina
2 tazas de mantequilla
1 cucharadita de polvo de hornear
8 huevos
2 tazas de pasas corintos
2 tazas de pasas sultanas
2 tazas de pasas
1 taza de cáscara abrillantada
1 limón, la ralladura de la cáscara
2 cucharadas de coñac
1 taza de almendras
Un poco de nuez moscada

Batir la mantequilla con el azúcar hasta que esté como crema.

Agregar la harina y huevos alternativamente y después el resto de los ingredientes. Batir bien.

Hornear en molde engrasado de 2 ½ a 3 horas en horno caliente al principio pero después baja la temperatura del horno.

Torta de Fruta – II

5 huevos
¾ taza de leche
4 tazas de harina
2 tazas de azúcar
200 g de mantequilla
2 tazas de pasas y pasas corintos
1 taza de pasas sultanas
½ taza de nueces picadas
2 cucharaditas cremor tártaro
1 cucharadita bicarbonato de soda
Una pizca de sal
Esencia a gusto

Batir la mantequilla con el azúcar hasta que esté como crema.

Agregar los huevos batidos y la leche.

Mezclar todos los ingredientes secos, y luego añadir a los huevos batidos

Verter esta preparación en un molde forrado con papel manteca y cocinar en horno moderado 1 ¼ horas, aproximadamente.

Torta de Fruta - III

6 huevos
4 tazas de harina
2 tazas de mantequilla
2 tazas de azúcar
1 cucharadita de polvo de hornear
6 tazas de fruta
Una pizca de sal y nuez moscada

Cernir la harina con la sal y nuez moscada.

Batir la mantequilla y azúcar hasta que esté como crema.

Agregar los huevos batidos, y luego la harina, después el polvo de hornear, y por último la fruta.

Hornear durante 2 horas.

Torta de Fruta Económica

3 cucharaditas de polvo de hornear
¼ cucharadita bicarbonato de soda
½ cucharadita clavo de olor en polvo
1 cucharadita de canela en polvo
1 cucharadita de nuez moscada rayada
1 taza de azúcar
2 ½ tazas de harina
½ cucharadita de sal
4 cucharadas cáscaras abrillantadas surtidas y cortadas finamente
½ taza pasas sin semillas
½ taza pasas corintos
1 taza de mantequilla derretida
½ taza nueces picadas
4 huevos
Unas gotas de esencia de vainilla

Se pasan por el cernidor la harina, sal y polvo de hornear, agregando luego los ingredientes secos restantes y mezclando todo muy bien.

Añadir ahora las pasas, bien picadas, corintos, cáscaras y nueces.

Batir los huevos y el azúcar hasta formar una crema liviana.

Agregar luego la mantequilla derretida, no caliente, la esencia a gusto y batir todo bien.

Se le agregan los ingredientes secos, mezclando bien.

Añadir un poco de leche para conseguir la debida consistencia. La masa debe caer fácilmente de la cuchara.

Poner en un molde bien engrasado de unos 20 cms. de diámetro.

Cocina en horno moderado durante 1 ¼ horas.

Torta Génova

2 tazas de pasas corintos (o sultanas o la mitad de cada clase)
2 ½ tazas de harina
1 taza de mantequilla
1 taza de azúcar
2 o 3 cucharadas almendras
4 huevos

Batir la mantequilla y luego agregar gradualmente el azúcar y batir hasta que esté como crema.

Agregar los huevos de a uno a la vez, batiendo continuamente.

Agregar las pasas y la harina, revolviendo.

Verter en un molde y espolvorear con las almendras.

Cocinar en horno moderado.

Torta de Grosella

3 tazas de harina
1/3 taza de mantequilla
1 taza de azúcar
2 huevos
3 cucharaditas de polvo de hornear
½ cucharadita de sal
¼ cucharadita de canela
¼ cucharadita nuez moscada
1/8 cucharadita clavos de olor
1/8 cucharadita de especias
2/3 taza de leche
½ taza de dulce de grosella negra
½ taza de nueces picadas

Se bate bien la mantequilla con el azúcar, agregando los huevos de a uno, batiendo bien.

Se cierne la harina con los ingredientes secos.

Agregar luego a la preparación junto con la leche.

Se revuelve hasta que esté bien mezclado con todos los ingredientes.

Póngase en un molde cuadrado, engrasado, y se cocina por una hora al horno.

Torta de Guindas

El peso de 3 huevos en azúcar y también mantequilla
El peso de 4 huevos en harina
3 huevos
½ taza de guindas abrillantadas
1 cucharadita de polvo de hornear

Batir la mantequilla con el azúcar hasta que esté como crema.

Agregar los huevos previamente batidos.

Agregar después la harina, las guindas cortadas en rebanadas y, por último, el polvo de hornear.

Batir todo junto.

Cocinar en horno moderado durante 25 a 30 minutos en un molde engrasado y enharinado.

Torta Fécula de Maíz

1 taza de harina
¾ taza de fécula de maíz
½ taza de mantequilla
1 taza de azúcar
3 claras
1 cucharadita colmada de polvo de hornear
¼ taza de leche fresca
1 cucharadita de esencia a gusto

Batir la mantequilla con el azúcar hasta que esté como crema.

Agregar la leche.

Agregar el resto de los ingredientes secos bien mezclados.

Agregar después la esencia y por último las claras batidas a punto de merengue.

Cocinar en molde para pan.

Torta Harina de Maíz

1 huevo
1 taza azúcar
½ mantequilla
1 ½ tazas harina de trigo
1 ½ harina de maíz
3 cucharaditas de polvo de hornear
Un poco de leche

Batir la mantequilla bien, luego agregar el azúcar, huevo y la leche.

Agregar los ingredientes secos bien mezclados.

Cocinar una hora en horno más bien caliente.

Torta de Un Solo Huevo

1 huevo
1 taza azúcar
2 tazas de harina
4 cucharadas mantequilla
1 cucharadita de vainilla
¼ cucharadita de sal
2 cucharaditas polvo de hornear
¾ taza de leche

Cernir la harina dos o tres veces con la sal y el polvo de hornear.

Batir la mantequilla y el azúcar hasta que esté muy ligero y cremoso.

Añadir el huevo y batir bien.

Agregar la harina y leche alternativamente mezclándolo muy bien y por último la esencia.

Cocinar en horno moderado durante unos 25 minutos aproximadamente.

Torta Sin Huevo ni Azúcar

2 huevos
Margarina
Miel de caña
1 cucharadita de polvo de hornear
Harina

Pesar dos huevos y usar esa misma medida en harina, margarina y miel de caña

Batir la margarina y miel de caña hasta que esté cremoso.

Agregar los huevos bien batidos y luego la harina cernida y el polvo de hornear.

Cocinar 40 minutos en horno moderado.

Torta sin Huevo ni Leche

1 taza de azúcar morena
2 tazas de pasas sin semillas
1 taza de agua
1/3 taza de mantequilla
1 cucharadita de canela
¼ cucharadita de nuez moscada rallada
½ cucharadita clavos en polvo
Una pizca de sal

Poner todos estos ingredientes en una cacerola y dejarlos hervir durante 3 minutos.

Dejar enfriar.

Luego agregar los siguientes ingredientes:

1 cucharadita de bicarbonato de soda disuelto en un poquito de agua caliente
2 tazas de harina
½ cucharadita de polvo de hornear.

Hornear en un molde alargado durante una hora.

Esta torta, al igual que las tortas de fruta, es más rica si se guarda algún tiempo.

Torta de Jengibre

½ taza de azúcar
½ de mantequilla
1 huevo
1 taza de miel de caña
2 ½ tazas de harina
1 cucharadita de jengibre
1 ½ cucharaditas de bicarbonato de soda
½ cucharadita de especias mezcladas
Una pizca de sal
1 taza de agua caliente

Cernir juntos los ingredientes secos.

Batir el azúcar con la mantequilla hasta que esté como crema.

Agregar el huevo, miel y después los ingredientes secos.

Agregar por último el agua caliente y batir para que la masa quede suave.

Verter en un molde poco profundo engrasado en horno moderado de 35 a 40 minutos.

Torta de Jengibre y Banana

1 ¾ tazas de harina
1 cucharadita de polvo de hornear
1 cucharadita de jengibre en polvo
½ cucharadita de canela en polvo
½ cucharadita de sal
½ cucharadita de bicarbonato de soda
3 cucharadas de mantequilla
½ taza de azúcar
1 huevo
½ taza de miel de caña o melaza
½ taza de agua hirviendo
Bananas (plátanos)

Cernir todos los ingredientes secos.

Batir bien la manteca.

Agregar de a poco el azúcar y después el huevo batido y la miel.

Agregar los ingredientes secos, mezclar bien y agregar por último el agua hirviendo.

Batir bien y verter en dos moldes engrasados.

Cocinar en horno moderado de 20 a 30 minutos.

Cuando está apenas tibio, poner entre las dos capas y por encima de la torta crema batida con un poco de azúcar y bananas cortadas en rebanadas.

Pan de Jengibre a La Maryland

¾ taza de mantequilla derretida
3/4 taza de azúcar morena
2 huevos
¾ taza de melaza
2 ¼ tazas de harina
2 cucharaditas de jengibre
1 ½ cucharaditas de canela
½ cucharadita de clavos en polvo
½ cucharadita nuez moscada
¾ cucharaditas de bicarbonato de soda
2 ½ cucharaditas de polvo de hornear (Royal)
1 taza de agua hirviendo

Añadir los huevos batidos al azúcar, la melaza y la mantequilla derretida.

Agregar la harina cernida con los ingredientes secos.

Añadir el agua hirviendo.

Cocinar en molde llano engrasado en horno moderado durante 40 minutos.

Servir frío o caliente.

Pan de Jengibre con Crema Agria

2 tazas de harina
2 huevos
1 taza azúcar morena
1 cucharadita de bicarbonato de soda
1 cucharadita de jengibre
1 cucharadita de sal
½ cucharadita de canela y clavo de olor
½ taza de melaza
1 taza de crema agria

Mezclar todos los ingredientes secos.

Mezclar los ingredientes líquidos y verterlos de a poco sobre los ingredientes secos revolviendo todo el tiempo.

Cocinar en horno moderado durante unos 20 minutos aproximadamente.

Pan de Jengibre con Especias

1 taza azúcar
3 huevos
1 taza mantequilla
3 tazas colmadas de harina
1 cucharadita polvo de hornear
1 cucharadita de bicarbonato de soda
1 taza miel de caña o azúcar morena
1 taza de leche agria
1 taza de pasas picadas
1 cucharadita de jengibre
1 cucharadita de canela
1 cucharadita de especias mezcladas
1 nuez moscada rallada

Batir la mantequilla con el azúcar.

Calentar la miel, mezclar con la leche y unir con la mantequilla y el azúcar.

Agregar las yemas batidas y las claras batidas a nieve.

Mezclar la harina con el resto de los ingredientes y luego añadir a los huevos batidos.

Cocinar en un molde poco profundo en horno moderado.

Bizcochuelo de Jengibre (Sin Huevos)

1 ¼ tazas azúcar molida
1 taza leche
2 tazas harina
½ taza miel de caña
1 cucharadita colmada de bicarbonato de soda
2 cucharaditas de especias
4 cucharaditas de jengibre
Una pizca de sal
½ taza de mantequilla (110 g)

Batir la mantequilla con el azúcar.

Calentar la miel, disolver el bicarbonato en la leche y mezclar.

Verter en un molde poco profundo y cocinar en horno moderado durante 30 a 45 minutos.

Torta Lancashire

1 ¾ tazas de harina
3 cucharadas de mantequilla
1 cucharadita de bicarbonato de soda
4 cucharadas azúcar
1 huevo batido
1 taza de leche, agria si es posible
Pasas corintos o unas gotas de esencia de vainilla

Mezclar la harina y mantequilla.

Agregar el bicarbonato de soda, el azúcar y mezclar bien.

Luego añadir el huevo y la leche.

Por último se agregan las pasas o las gotas de esencia.

Hornear en un molde o si se prefiere, hornearlo en dos moldes y servirlo con mermelada entre las dos capas.

Espolvorear con azúcar.

Torta Ligera en Capas

1 ¼ tazas de azúcar
½ mantequilla
2 tazas harina
2 huevos
4 cucharaditas de polvo de hornear
1 cucharadita esencia limón
1 cucharadita esencia vainilla
½ taza de leche

Batir el azúcar y la mantequilla hasta que esté como crema.

Agregar las yemas, batiendo, después agregar la harina y leche alternativamente.

Agregar la esencia, las claras batidas a nieve y el polvo de hornear.

Cocinar en dos moldes de bizcochuelo por 20 minutos en horno más bien caliente.

Torta Madeira

4 huevos
5 cucharadas de azúcar
1 1/3 tazas de harina
4 cucharadas de mantequilla derretida
1 limón, la ralladura de la cáscara
1 cucharadita de polvo de hornear

Batir los huevos con un batidor y agregar de a poco los ingredientes en el orden dado.

Luego cocinar durante una hora en horno moderado.

Torta de Suero de mantequilla (Sin Huevos)

½ taza de mantequilla (110 g)
1 taza de azúcar morena
1 taza de suero de mantequilla agria
Un poco de miel de caña
2 tazas de harina
Una pizca de sal
½ cucharadita de nuez moscada
½ cucharadita de canela
1 cucharada (o menos) especias mezcladas
1 cucharadita colmada de bicarbonato de soda
1 taza fruta y cáscara abrillantada

Cernir juntos los ingredientes secos.

Batir el azúcar con la mantequilla hasta que esté cremoso-

Agregar el huevo, miel y después los ingredientes secos.

Agregar por último el agua caliente y batir para que la masa quede suave.

Verter en un molde poco profundo engrasado y cocinar en horno moderado de 45 minutos a una hora.

Torta Maple de Nuez

2 huevos
1 ½ harina
2 cucharaditas polvo de hornear
½ mantequilla
1 taza azúcar morena
½ taza leche
¼ cucharadita sal
1 cucharadita esencia de vainilla
1 taza nueces picadas

Batir la mantequilla y el azúcar.

Agregar las yemas de los huevos ya batidas y batir.

Agregar la mitad de la leche y harina y batir bien.

Después agregar el resto de la leche y harina y batir nuevamente.

Agregar el polvo de hornear, esencia y nueces.

Cuando esté todo bien mezclado, agregar las claras batidas a nieve con la sal.

Hornear de 35 a 40 minutos.

Torta Margarita

2 huevos
1 taza azúcar
1 taza harina cernida
1 cucharadita de polvo de hornear
¼ cucharadita sal
1 cucharadita vainilla
½ taza leche calentada
1 cucharada mantequilla

Batir los dos huevos y luego agregar los ingredientes en el orden dado.

Poner en un molde y hornear a fuego moderado durante unos 20 minutos aproximadamente.

Luego de la cocción, cubrir con la siguiente crema:

Crema:

10 cucharadas azúcar morena
4 cucharadas mantequilla
4 cucharadas leche
½ taza coco rallado o nueces

Cocinar los tres primeros ingredientes juntos durante unos 5 minutos y luego agregar ½ taza de coco rallado o nueces.

Verter esta crema sobre la torta una vez horneada y cuando aún está en el molde.

Poner nuevamente en el horno para dorar.

Hace falta observarlo cuidadosamente, pues el coco se quema fácilmente.

Bizcochuelo de Moca (no requiere cocción)

5 yemas
4 cucharadas de azúcar
1 taza de mantequilla
24 vainillas (galletas blandas)
Un poco de café muy concentrado
Un poco de ron

Batir la mantequilla con el azúcar hasta que esté como crema.

Agregar las yemas de a una a la vez, batiendo bien, y por último, el café.

Pasar las vainillas por el ron.

Poner 4 vainillas en un plato, untarlas bien con la crema, poner otras 4 encima de las primeras pero en forma horizontal.

Untarlas con la crema de la misma manera.

Seguir haciendo esto sucesivamente hasta usar todas las vainillas.

Cubrir entonces con otro plato y poner un peso encima.

Dejar por un poco de tiempo, después cubrir con crema y espolvorear con almendras o maní picado.

Torta Multicolor

3 huevos
6 cucharaditas dulce de leche
½ cucharadita polvo de hornear
El peso de 3 huevos en azúcar molida, mantequilla y harina

Batir la mantequilla y azúcar hasta que esté como crema.

Agregar las yemas y batir.

Agregar cerniendo la harina, el polvo de hornear y azúcar y mezclar bien.

Agregar la leche y por último las claras batidas a nieve.

Unir la masa muy bien y después dividirla en tres partes, dejar una como está; colorear la segunda con un poco de chocolate y la tercera con unas gotas de cochinilla.

Cocinar en moldes de bizcochuelo durante 20 minutos en horno moderado.

Cuando estén frías se cortan en tiras que se colocan alternando los colores, uniendo las capas con dulce, menos la última que se cubrirá con el siguiente glaseado:

Glaseado:

1 taza de azúcar impalpable
El jugo de una naranja

Unir el azúcar con el jugo hasta lograr una pasta de la consistencia necesaria para untar la torta.

Torta de Naranja

3 huevos
3 cucharadas azúcar
4 cucharadas mantequilla
5 cucharadas harina
1 cucharadita polvo de hornear
1 naranja

Batir la mantequilla con el azúcar hasta que esté cremoso.

Agregar los huevos cada uno por separado.

Agregar después la harina y el jugo de la naranja y un poco de la ralladura de la cáscara.

Cocinar durante media hora en un horno más bien caliente.

Cubrir la torta con un glaseado hecho con azúcar impalpable, un poco de ralladura y suficiente jugo de naranja para darle la consistencia necesaria para poder esparcirlo.

Bizcochuelo de Naranja

3 yemas
1 taza azúcar
2 cucharaditas ralladura
1 cucharadita cremor tártaro
3 claras
1 ¼ tazas de harina
1 ½ cucharaditas polvo de hornear
1/3 taza jugo de naranja
¼ cucharadita sal
Cáscara de naranja

Batir las claras a nieve con el cremor tártaro.

Agregar las yemas de a una batiendo bien cada vez.

Agregar el azúcar de a poco, batiendo con un batidor.

Retirar el batidor y agregar la ralladura.

Mezclar revolviendo suavemente la harina cernida con el polvo de hornear alternativamente con el jugo de naranja.

Cocinar en dos moldes en un horno moderado por 18 minutos.

Relleno:

1 ½ cucharadas harina
¼ cucharadita sal
¼ taza azúcar
½ taza jugo de naranja
2 cucharaditas ralladura de cáscara de naranja
2 cucharaditas mantequilla

1 yema

Mezclar todos los ingredientes agregando el huevo al último, y cocinar al baño maría hasta que se espese.

Extenderlo entre las capas de al torta.

Glaseado:

3 cucharadas de agua fría
1 clara sin batir
14 cucharadas azúcar
1/2 cucharadita polvo de hornear
½ cucharadita de esencia de vainilla

Poner al baño maría durante 7 minutos la clara, el azúcar y el agua, batiendo todo el tiempo.

Agregar luego la esencia y el polvo de hornear.

Verter sobre la torta y espolvorear con ralladura de cáscara de naranja.

Pan de Nuez

4 yemas
4 claras
4 tazas de harina
2 tazas de mantequilla
2 tazas de azúcar
3 cucharaditas polvo de hornear
Un poco de leche
2 tazas de nueces picadas
1 limón – la cáscara y la ralladura

Batir la mantequilla con el azúcar.

Agregar después batiendo continuamente, las yemas de a una a la vez, la leche gradualmente y la ralladura de limón.

Luego agregar las claras batidas a nieve y por último las nueces picadas.

Cocinar en un molde alargado en horno moderado.

Bizcochuelo de Nuez

7 huevos
7 cucharadas de azúcar
6 cucharadas de harina
1 cucharadita polvo de hornear

Batir las claras a punto de merengue.

Agregar el azúcar y seguir batiendo.

Agregar después las yemas y la harina cernida con el polvo de hornear.

Cocinar en horno bastante caliente.

Luego invertir el molde hasta que se enfríe.

Relleno:

2 cucharadas mantequilla
1 taza grande de nueces
3 yemas
1 taza leche
1 taza azúcar
2 cucharadas ron o coñac

Mezclar bien todos los ingredientes.

Espesarlos sobre fuego suave, pero no debe hervir.

Torta de Nueces – I

1 taza de azúcar
2 cucharadas mantequilla
4 huevos
2 tazas nueces picadas
1 cucharadita chocolate rallado
1 taza de harina
2 cucharaditas polvo de hornear
Unas gotas de extracto de vainilla

Batir la mantequilla y azúcar hasta que esté cremoso.

Agregar los huevos de a uno a la vez batiendo bien todo el tiempo.

Luego añadir las nueces, el chocolate, la vainilla, la harina y el polvo de hornear.

Poner en dos moldes poco profundos.

Luego, entre las dos capas y arriba de la torta, untar con crema (nata) batida y nueces picadas.

Torta de Nueces – II

3 huevos
2 tazas de harina
1 taza mantequilla
1 taza azúcar
2 cucharaditas polvo de hornear
½ taza de leche
2 tazas de nueces picadas

Batir el azúcar y la mantequilla hasta que esté como crema.

Agregar los huevos de a uno a la vez, batiendo bien.

Después agregar la harina, el polvo de hornear, y por último la leche y nueces.

Se puede cocinar en un molde cuadrado o en dos moldes.

Rellenar con un glaseado de mantequilla.

Glaseado de mantequilla:

Batir suficiente mantequilla con azúcar impalpable.

Añadir luego una clara de huevo batida hasta que quede de una consistencia adecuada para poder esparcirlo.

Torta Sorpresa de Nuez

3 tazas de harina
3 huevos
1 ½ azúcar
½ taza de mantecquilla
4 cucharaditas polvo de hornear
½ de sal
1 taza de leche
1 ½ cucharadita de esencia de vainilla
Relleno de nueces

Cernir juntos los ingredientes secos.

Batir la manteca, agregar el azúcar gradualmente.

Agregar los huevos batidos y después los ingredientes secos, alternativamente con la leche, a la que se la habrá agregado la esencia.

Batir bien y hornear por 25 minutos en dos moldes para bizcochuelo, engrasados.

Unir después con el siguiente relleno:

Relleno de nuez:

2 claras batidas
2 tazas azúcar
½ taza nueces picadas
2/3 taza de agua caliente

Hervir el agua con el azúcar hasta que se forme un almíbar. No se debe revolver.

Batir las claras hasta que esté duro y entonces verter gradualmente el almíbar sobre las claras, revolviendo continuamente.

Cuando esté frío, agregar las nueces.

El glaseado:

Antes de que la torta se enfríe del todo, cubrir con un glaseado hecho con azúcar impalpable y suficiente jugo de fresas para darle la consistencia necesaria para poder esparcir.

Decorar con nueces.

Torta Nougat (Turrón)

2/3 taza de mantequilla
1 cucharadita de sal
1 cucharadita de esencia de vainilla
1 1/ 2 tazas de azúcar
2 huevos enteros y 2 yemas
3 cucharadas de chocolate derretido
1 cucharadita de polvo de hornear
¾ cucharadita de bicarbonato
2 ¼ tazas de harina cernida
1 taza de leche

Batir la mantequilla y agregar de a poco el azúcar, después la vainilla y sal,

Seguir batiendo hasta quedar bien ligero y cremoso.

Agregar los huevos batidos, después el chocolate derretido, mezclando muy bien cada vez que se agrega un ingrediente.

Cernir la harina con la sal y el bicarbonato 3 veces y unir a la masa de a poco a la vez y alternativamente con la leche, siempre mezclando muy bien.

Engrasar dos moldes hondos para tortas de capas de unos 22 cms.

Cocinar en horno moderado de 30 a 35 minutos.

El glaseado para el nougat o turrón:

2 claras sin batir
1 ½ de azúcar molida
4 cucharadas de agua

2 cucharadas de miel de caña
2 cucharadas de miel de abeja
¼ cucharadita cremor tártaro
½ cucharadita esencia de vainilla
¼ taza de almendras peladas y picadas

Poner en una cacerola de doble fondo las claras, azúcar, agua, miel de caña, miel y cremor tártaro.

Mezclar bien y poner al baño maría sobre agua que esté hirviendo fuerte.

Batir continuamente con un batidor hasta que con esta preparación se pueda formarse un pico, unos 7 minutos.

Retirar entonces del fuego, agregar la vainilla y seguir batiendo hasta que tenga la consistencia necesaria.

Separar 1/3 del glaseado, agregarle las almendras y rellenar la torta.

Cubrir con el resto del glaseado la parte de arriba y costados de la torta.

Pan de Fruta

½ taza azúcar
1 huevo
1 cucharada de mantequilla
2 tazas de harina
4 cucharadita de polvo de hornear
1 cucharadita de sal
¾ tazas de nueces o pasas
1 ½ tazas de leche

Mezclar los ingredientes.

Unir con huevo y la leche.

Dejar descansar durante 80 minutos.

Cocinar en horno moderado hasta que esté firme, unos 20 minutos más o menos.

Pan de Fruta y Nueces

½ taza de azúcar
3 tazas de harina
1 cucharadita canela
1 huevo
1 taza de leche
1 taza de nueces
1 taza de pasas de uva

Cernir la harina, la canela y el azúcar.

Agregar la leche y el huevo y batir.

Luego agregar las nueces y las pasas y revolver muy bien.

Cocinar en horno moderado durante 45 minutos aproximadamente.

Torta de Pasas de Uva

2 huevos
2 tazas de harina
1 cucharadita polvo de hornear
2 cucharadas mantequilla
1 taza azúcar
½ taza de leche aproximadamente
4 puñados de pasas de uva

Batir la mantequilla y el azúcar hasta que esté como crema.

Agregar los huevos bien batidos, después las pasas y mezclar bien.

Añadir la harina cernida con el polvo de hornear alternativamente con la leche.

Si se agrega demasiada leche las pasas bajarán al fondo de la torta.

Hornear durante 30 minutos.

Torta Perfecta Amarilla

2 tazas azúcar
3 tazas harina de repostería
4 huevos
1 taza mantequilla
4 cucharaditas polvo de hornear
1 taza de leche
¼ cucharadita sal
2 cucharaditas vainilla

Cernir 3 veces la harina con el polvo de hornear y la sal.

Batir la mantequilla, agregar gradualmente el azúcar y batir hasta que esté con crema.

Agregar los huevos de a uno a la vez, batiendo muy bien entre cada uno.

Añadir alternativamente de a muy poco a la vez, la harina y la leche; batir muy bien todo el tiempo y agregar la esencia.

Cocinar en 2 moldes de unos 22 cms. de diámetro, durante 25 a 30 minutos en horno moderado (190º C).

Usar el siguiente glaseado u otro si se prefiere.

Glaseado de mantequilla:

2 tazas azúcar impalpable aproximadamente
1/3 mantequilla
1 cucharadita vainilla
1 pizca sal

Batir bien la mantequilla, agregar el azúcar, sal y esencia.

Como variación, puede usarse en vez de vainilla,

- el jugo y la ralladura de la cáscara de limón

- o el jugo de naranja, y espolvorear con coco rallado

- o 2 barritas de chocolate amargo derretidas

- o café negro

- o agregar un pequeño plátano pisado y decorar la torta con rebanaditas de plátano. Para evitar que el plátano se ponga negra, rociar con jugo de limón y agua en la proporción del jugo de ½ limón en ½ taza de agua.

Esta receta hace una torta muy grande. Si se desea una torta más pequeña se puede usar la mitad de los ingredientes.

También puede hornearse en pequeños moldes.

Torta "Rapsodia Húngara"

½ kilo azúcar
200 g mantequilla
10 huevos
300 g nueces molidas
3 cucharaditas pan rallado
Un poco de polvo de hornear
Una pizca de sal
230 g chocolate
Almendras para decorar

La masa:

Batir las claras a punto de nieve con una pizca de sal.

Cuando esté dura, se mezcla con las nueces, 300 g de azúcar, el polvo de hornear y el pan rallado.

Mezclar suavemente.

Dividir la masa en tres partes, poniendo la primera parte sobre la fuente de hornear engrasada, cuadrada o rectangular.

Se saca del horno una vez bien dorado (unos 20 minutos).

Repetir la misma operación con cada una de las otras dos partes.

La crema:

Mezclar 200 g de azúcar con las yemas y poner en baño-maría hasta perder el gusto a crudo.

Agregar de a poco el chocolate derretido y revolver continuamente hasta estar completamente frío.

Luego añadir la mantequilla ablandada.

Untar entre las masas y por arriba de las tres partes juntas.

Cortar en trozos cuadrados y decorar con una almendra en el centro de cada cuadrado.

Torta Red Devil

1 huevo
1 taza azúcar
½ taza mantequilla derretida
1 ½ tazas harina
1 cucharadita polvo de hornear
1 cucharadita bicarbonato
1 cucharadita sal
1 taza leche agria
½ taza cacao
Esencia a gusto

Unir todos los ingredientes secos.

Agregar la mantequilla derretida y la leche, después el huevo bien batido y por último la esencia.

Hornear durante 35 minutos aproximadamente en horno moderado.

Torta Sencilla

4 huevos
1 taza leche
1 taza mantequilla
1 ½ taza azúcar
3 tazas harina
1 cucharadita polvo de hornear
1 ½ tazas pasas de uva
Un poco fruta abrillantada

Batir la mantequilla con el azúcar.

Agregar las yemas de una a la vez y después la leche, batiendo muy bien todo el tiempo.

Agregar la harina con el polvo de hornear de a poquito.

Agregar después las claras batidas a nieve y por último las pasas y la fruta.

Cocinar en horno moderado durante media hora.

Shortbread (Mantecado)

1 taza azúcar
2 tazas de harina
2 tazas de mantequilla
2 cucharadas fécula de maíz

Cortar la mantequilla en trozos y unirla con la harina y azúcar.

Cocinar en horno moderado.

Shortbread (Mantecado) Belga

1 taza azúcar
1 huevo
1 taza mantequilla
2 tazas harina
Una pizca de sal
Esencia
Nueces, dátiles cortados, pasas sultanas

Mezclar la mantequilla con el azúcar.

Añadir el huevo, después la harina y los otros ingredientes.

Dividir la masa por la mitad, estirar una parte y ponerla al fondo del molde.

Untar con dulce de damasco y ponerle nueces y dátiles cortados y pasas sultanas.

Cubrir con el resto de la masa que se habrá estirado.

Cocinar en horno moderado.

Cortar en cuadrados antes que se enfríe del todo.

Shortbread (Mantecado) Canadiense

2 cucharadas harina
7 cucharadas azúcar morena
6 cucharadas de mantequilla derretidas
10 cucharadas de avena (Quaker)
Esencia de vainilla o almendras

Mezclar todos los ingredientes.

Estirar la masa a 1.5 cms aproximadamente.

Colocar en un molde poco profundo, bien engrasado.

Cocinar en horno caliente durante 15 a 20 minutos.

Dejarlo enfriar un poco y marcarlo en rectángulos con un cuchillo.

Shortbread (Mantecado) Escocés

1 ¼ taza azúcar cernida
1 ½ tazas mantequilla ligeramente derretida
3 tazas harina
10 gotas de esencia de almendras
1 cucharada harina de arroz (opcional)

Mezclar todos los ingredientes.

Añadir suficiente leche para hacer una masa dura.

Estirar, dándole unos 2 cms. de espesor.

Hornear durante unos 45 minutos.

Torta con Sultanas – I

3 huevos batidos
1 taza azúcar molida
6 cucharadas mantequilla
3 ¼ tazas harina
1 taza leche hirviendo
1 ¼ tazas pasas sultanas
Un poquito de ralladura de cáscara de limón
1 cucharadita bicarbonato de soda

Mezclar todos los ingredientes y batir bien.

Finalmente agregar el bicarbonato de soda.

Hornear durante una hora a una hora y medio.

Torta de Sultanas – II

6 huevos
2 tazas harina
1 taza azúcar
16 cucharaditas de mantequilla
1 cucharadita almendras molidas
2 tazas pasas sultanas
1 ½ cucharaditas polvo de hornear

Batir la mantequilla con el azúcar hasta que esté cremoso.

Agregar los huevos (batidos por separado) alternativamente con la harina.

Agregar el resto de los ingredientes y por último el polvo de hornear mezclado con un poco de harina que se habrá apartado.

Cocinar en horno moderado de 1 ½ a 1 ¾ horas.

Arrollado Suizo

4 huevos
1 taza de harina
¾ taza azúcar
2 cucharaditas de polvo de hornear
¼ cucharadita nuez moscada
Una pizca de sal

Cernir la harina con el polvo de hornear y nuez moscada.

Batir muy bien las yemas con el azúcar.

Agregar las claras batidas a nieve y por último la harina.

Cocinar en horno caliente de 8 a 10 minutos.

Espolvorear un papel con azúcar y desmoldar sobre éste el bizcochuelo.

Untar con crema de limón o mermelada antes de que se enfríe.

Torta de Vinagre - I

1 taza azúcar
3 ½ tazas harina
¾ taza mantequilla (170 g)
1 cucharadita bicarbonato de soda
1 vaso leche
1 cucharada vinagre
1 taza nueces picadas
1 taza pasas sultanas
1/3 tazas pasas
¼ taza fruta abrillantada

Unir la mantequilla y harina trabajando ligeramente con las manos.

Agregar todos los ingredientes secos y mezclar bien.

Verter el líquido en el medio (el vinagre y el bicarbonato se mezclan en un vaso con la mitad de la leche)

Agregar el resto de la leche y batir todo junto muy bien.

Cocinar en un molde engrasado de 1 ½ a 2 horas a temperatura moderada.

Torta de Vinagre – II

3 o cucharadas azúcar
2 tazas harina
2 cucharadas mantequilla
1 taza pasas de uva
2 cucharadas de fruta abrillantada
1 cucharadita polvo de hornear
½ cucharadita especias mezcladas
½ cucharadita bicarbonato de soda
1 taza de leche
1 cucharada de vinagre
Una pizca de sal

Cernir juntos en un bol, la harina, la sal, el azúcar, el polvo de hornear y las especias.

Añadir la mantequilla trabajando ligeramente con los dedos.

Agregar la fruta, mezclar bien y hacer un hueco en el centro.

Poner el bicarbonato en otro bol, diluirla bien con la leche.

Agregar el vinagre y cuando todavía esté en efervescencia, echar en el hueco que se ha hecho en el bol con los ingredientes secos.

Mezclar rápidamente y verter enseguida en un molde engrasado.

Cocinar en horno moderado hasta que levante bien, esté firme al tocarlo y tenga color dorado.

Glaseados y Rellenos

Glaseado Americano

2 claras
1 taza agua
3 tazas de azúcar

Poner en una cacerola al fuego, el azúcar y agua y dejar disolver lentamente.

Cuando el azúcar esté disuelto, hacerlo hervir durante 6 o 7 minutos contando desde el momento en que rompe el hervor.

Batir mientras tanto, las claras a nieve en un bol grande y verter encima el almíbar, batiendo continuamente con el batidor.

Continuar batiendo hasta que el glaseado se enfríe y se espese lo suficiente para que se pueda dar a la torta un baño espeso sin que se derrame.

Lo que quede de este glaseado puede usarse para rellenar tortas en capas. Se le puede agregar nueces picadas, mermelada de albaricoque o mezclar con algún jugo de fruta.

Glaseado de Chocolate

Esta receta nunca falla

2 cucharadas de mantequilla
1 taza azúcar impalpable
Una barra de chocolate (190 g)
¼ leche caliente

Derretir el chocolate a baño maría.

Agregar la mantequilla y el azúcar impalpable.

Luego agregar la leche caliente.

Batir hasta que la crema quede bien suave, y esparcir sobre la torta.

Glaseado Blanco

1 taza leche
3 tazas azúcar molida
1 pizca de bicarbonato de soda
1 cucharadita esencia de vainilla
Un poco de jugo de limón

Hervir la leche con el azúcar y el bicarbonato de soda hasta que tome punto, o sea, cuando se forme una bolita blanda al ponerlo en agua fría.

Agregar entonces la vainilla y un poco de jugo de limón.

Batir hasta que se espese.

Glaseado Listo en 4 Minutos

Una receta fácil, rápida y que nunca falla.

2 claras
¼ cucharadita cremor tártaro
1 taza azúcar
3 cucharadas de agua
Esencia a gusto

Poner todos los ingredientes en una cacerola al baño maría y batir con un batidor hasta que quede un hueco cuando se levante el batidor.

Retirar del fuego y seguir batiendo hasta que tenga la consistencia necesaria para poder esparcir.

Glaseado con un Relleno de Nueces

½ taza de azúcar
3 tazas azúcar impalpable
¾ taza de agua hirviendo
5 cucharadas de mantequilla
3 o 4 cucharadas de crema (nata)
½ taza de nueces picadas.

Derretir el azúcar molido en una cacerola a fuego muy lento, revolver hasta que tome un color dorado claro.

Agregar lentamente el agua hirviendo y revolver continuamente.

Dejar hervir hasta que tome la consistencia de un almíbar espeso y dejar enfriar.

Batir la mantequilla hasta que esté como crema.

Agregar gradualmente el azúcar impalpable, el almíbar frío y la crema y revolver lentamente hasta obtener la consistencia necesaria para poder esparcir sobre toda la torta.

Relleno:

Apartar una tercera parte de esta preparación y agregarle las nueces picadas y esparcir entre las capas de la torta.

Glaseado Brisas Marinas

2 claras
1 cucharadita miel de caña
2 tazas de azúcar
1 taza de agua hirviendo (aproximado)
1 cucharadita de vainilla

Poner en una cacerola a fuego suave el azúcar, la miel y agua hirviendo, revolviendo hasta que hierva.

Cocinar este almíbar hasta que esté a punto de hilo, o cuando se forme una pelotita suave al ponerlo en agua fría.

Retirar del fuego y verter sobre las claras batidas nieve.

Batir rápidamente hasta que enfríe.

Agregar la esencia y seguir batiendo hasta que tenga la consistencia necesaria para esparcir.

Glaseado de Café y Relleno Novedoso

1 yema
2 tazas de azúcar impalpable
Un poco de café fuerte

Batir bien la yema.

Verter encima el café caliente y agregar bastante azúcar hasta que tome la consistencia necesaria para poderlo esparcir.

Relleno:

Dátiles o ciruelas pasas
Un poco de coñac

Cortar la torta en capas y rellenar con dátiles o ciruelas cortados previamente remojados en coñac.

Relleno de Chocolate Delicioso

Ideal para pasteles, tortas, tartas y magdalenas Esta receta es suficiente para 8 a 10 tartaletas.

1/3 taza de harina
2 huevos o 2 yemas
2/3 taza de azúcar
1/8 cucharadita de sal
1 barra de chocolate (190 g)
2 tazas de leche hervida al baño maría
1 cucharadita esencia vainilla

Derretir el chocolate al baño maría.

Por separado, calentar la leche a baño maría también.

Mezclar los ingredientes secos y cernirlos en un bol.

Unir los ingredientes secos y la leche caliente lentamente y luego batir hasta que esté cremoso.

Cocinar durante 15 minutos al baño maría revolviendo continuamente hasta que se espese y después, de vez en cuando. Tendrá el aspecto de una pasta espesa blanca.

Agregar los huevos ligeramente batidos, batir con el batidor y cocinar al baño maría de 3 a 5 minutos más.

Retirar del fuego, agregar el chocolate derretido y batir y luego agregar la vainilla y dejar enfriar. Se espesa mucho al enfriar.

Se pueden rellenar tartaletas con esta preparación y poner encima un copete de crema (nata) batida.

Relleno de Yemas

Esta receta es ideal para utilizar las yemas sobrantes.

4 yemas
½ taza azúcar
1/taza de crema (nata)
Jugo de limón

Batir las yemas hasta que estén espumosas.

Agregar la crema, el azúcar y suficiente jugo de limón, para darle la consistencia necesaria.

Cocinar al baño maría hasta que espese.

Relleno de Crema Limón

6 yemas
4 claras de huevo
2 tazas de azúcar
½ taza mantequilla
Ralladura de la cáscara de 2 limones
El jugo de 3 limones

Batir los huevos y poner en una cacerola con los demás ingredientes a fuego suave y revolviendo.

Cocinar muy lentamente hasta que esté espeso como miel.

Con estos ingredientes salen 900 gramos de la crema dulce.

Relleno Crema de Limón (Lemon Curd)

La ralladura y el jugo de 4 limones
200 g de azúcar
100 g de mantequilla
3 huevos y 1 yema de huevo

Poner la ralladura de limón y el jugo, el azúcar y la mantequilla, cortada en cubos, en un recipiente resistente al calor colocado sobre una olla con agua hirviendo, asegurándose de que la parte inferior del recipiente no toque el agua.

Agitar con un batidor de vez en cuando hasta que la mantequilla se ha derretido.

Aparte, mezclar los huevos y la yema de huevo ligeramente con un tenedor.

A continuación, echar los huevos sobre la mezcla de limón.

Dejar que se cocine, revolviendo con frecuencia, durante aproximadamente 10 minutos, hasta que esté espesa y similar a la crema.

Retire del fuego y revuelva de vez en cuando mientras se enfría.

Se mantendrá durante un par de semanas en el refrigerador.

Relleno Sintético

1 taza escasa de mantequilla
1 taza azúcar
¼ taza de agua
1 clara batida punto de merengue
1 o 2 cucharadas de ron o coñac

Poner en una cacerola el azúcar y el agua.

Hervir unos 5 o 6 minutos sin revolver para hacer el almíbar.

Luego verter la clara batida y batir ligeramente con un batidor por un momento.

Dejar enfriar.

Agregar la mantequilla previamente batida y luego, el ron o coñac.

Para hacer crema Moca sustituir el ron por café fuerte y frío.

Estimado Lector

Nos interesa mucho tus comentarios y opiniones sobre esta obra. Por favor ayúdanos comentando sobre este libro. Puedes hacerlo dejando una reseña en la tienda donde lo has adquirido.

Puedes también escribirnos por correo electrónico a la dirección *info@editorialimagen.com*

Si deseas más libros como éste puedes visitar el sitio de **Editorialimagen.com** para ver los nuevos títulos disponibles y aprovechar los descuentos y precios especiales que publicamos cada semana.

Allí mismo puedes contactarnos directamente si tienes dudas, preguntas o cualquier sugerencia. ¡Esperamos saber de ti!

Más Libros de Interés

Cupcakes, Galletas y Dulces Caseros: Las mejores recetas inglesas para toda ocasión

En este libro de recetas te ofrezco cerca de 100 de las más populares recetas inglesas con las cuales podrás sorprender a tu familia o tus invitados, ofreciendo un detalle sabroso que seguro apreciarán.

Las Más Fáciles Recetas de Postres Caseros

Esta selección contiene recetas prácticas que, paso a paso, enseñan a preparar los postres, marcando el tiempo que se empleará, el coste económico, las raciones y los ingredientes.

Postres y Helados - Selección de las mejores recetas de la cocina británica

¡Una buena comida merece un buen postre! Te ofrecemos más de 130 recetas inglesas de platos dulces que incluyen postres hervidos, de fruta, con gelatina, tartas, salsas para acompañar a los postres y además, helados!

Recetas Vegetarianas Fáciles y Baratas - Más de 100 recetas vegetarianas saludables y exquisitas

Si buscabas recetas de cocina vegetariana este libro de recetas veganas es para ti. El mismo es un recetario- que contiene una selección de recetas vegetarianas saludables y fáciles de preparar en poco tiempo. Este recetario incluye más de 100 recetas para toda ocasión, y contiene una serie de platos sin carnes ni pescados, con una variedad de recetas de Verduras, Huevos, Queso, Arroz, Ensaladas.

Recetas de Pescado y Salsas con sabor inglés

Recetas populares y a la vez muy fáciles, de la cocina británica. El recetario presenta diferentes maneras de cocinar el pescado, como así también tartas de pescado y salsas para acompañar el pescado.

Recetas de Sopas con sabor inglés

La sopa es un plato saturado de proteínas y nutrientes, es muy fácil de elaborar y además, apetece a cualquier hora del día. En la dieta inglesa la sopa es muy importante.

Este recetario ofrece una variedad de recetas populares y deliciosas de la cocina británica.

Dieta Paleo - Descubre cómo bajar de peso, alcanzar salud y bienestar óptimo para siempre

Editorial Imagen se complace en presentar este libro sobre la tan famosa y renombrada Dieta Paleolítica. El mismo no pretende ser otro libro más que presente la teoría de la dieta, sino al contrario, pretende ayudar al lector a experimentar por sí mismo los grandes beneficios de la misma.

Recetas Mexicanas Tradicionales - Descubre las mejores recetas de cocina mexicana

Deliciosas recetas mexicanas de: carnes, pescados y mariscos, arroz, sopas, verduras, salsas, entradas, tortillas, ensaladas, postres, y dulces bebidas.

Cómo Adelgazar Comiendo

Se dan varias estrategias que te ayudarán a deshacerte de esos kilos de más, para siempre – ¡sin pasar ni un solo día de hambre!

• La verdadera razón por la cual las dietas no funcionan para ti y los muchos mitos sobre la pérdida de peso.
• Conoce las mejores recetas para bajar de peso.
• Y mucho más.

www.ingramcontent.com/pod-product-compliance
Lightning Source LLC
LaVergne TN
LVHW011719060526
838200LV00051B/2964